Grundbaustein 2
Lesen und Schreiben

Lehr- und Arbeitsbuch

Von Gudrun Häusler und Klaus Bździach

LANGENSCHEIDT
BERLIN · MÜNCHEN · WIEN · ZÜRICH · NEW YORK

Grundbaustein 2

Lesen und Schreiben

Von Gudrun Häusler und Klaus Bździach

Zeichnungen, Umschlag und Layout: Theo Scherling

Redaktion: Barbara Stenzel

Druck: 5. 4. 3. 2. 1. | Letzte Zahlen
Jahr: 92 91 90 89 88 | maßgeblich

Druck: Druckhaus Langenscheidt, Berlin-Schöneberg
Printed in Germany ISBN 3-468-49813-6

Inhaltsverzeichnis

8

Wichtigste Bausteine (Morpheme)	Arbeitsschritte und -ergebnisse	
fall-fiel / viel voll, vorn ver-, fern von, vor, fort, für	Schreibentscheidung f oder V treffen nach Zugehörigkeit zur Wortfamilie; Bausteine auseinanderhalten: ver- oder fern; vor oder fort; vor oder für	11
emp- um- -kunft	Häufige Fremdwörter mit ph erkennen; pf am Wortanfang beachten; Hauptbausteine auf -mpf, -nf, -nft erkennen; richtige Schreibentscheidung treffen nach Abtrennen der Anfangsbausteine emp- und um- vor mit f beginnendem Hauptbaustein	20
	Reihenfolge der Buchstaben im Alphabet beherrschen; Grundformen bilden; Wörter und Suchbegriffe in Wörterbüchern finden; Schreibentscheidung V oder W treffen mit Hilfe des Wörterbuchs	27
reis, reiß Spaß, groß usw. miß-; -nis, -nisse hab-, hast/hass-, haß- fast/fass-, faß- Frist/friß-, fress-, freß- (ge)-nieß/nies(-en) masse/maß ist (sein)/ißt (essen) bis/biß-, beiß-, biss- das/daß	Schreibentscheidung S - ß treffen nach Zugehörigkeit zur Wortfamilie; Schreibentscheidung ß - SS innerhalb derselben Wortfamilie treffen nach Verlängerung; Personalformen der Tätigkeitswörter mit SS - ß systematisch erfassen; Anfangsbaustein miß-, Endbaustein -nis, -nisse erkennen SS bei Mehrzahlbildung vom Typ Bus - Busse beachten	34

Wichtigste Bausteine (Morpheme)	Arbeitsschritte und -ergebnisse	
-st-	Schreibentscheidung -dst-, -tst-, -nst- treffen nach Bildung der Grundstufe von Mittel- und Eigenschaftswörtern	**52**
-ung -heit -keit -tion -schaft / -schaff-	Hauptwörter, Tätigkeitswörter, Eigenschaftswörter unterscheiden; Namenwörter durch verschiedene Typen von Begleitwörtern erkennen: 1. der-die-das-Wörter (Geschlechtswörter) 2. am-vom-zum-Wörter (Verhältniswörter) 3. Eigenschaftswörter mit Beugungsendungen 4. mein-dein-sein-Wörter (besitzanzeigende Fürwörter) Steigerungsstufe der Eigenschaftswörter mit "am" erkennen; Endbausteine -ung, -heit, -keit, -schaft, -tion erkennen	**56**
		73

Informationen für Benutzer

Dieses Lehr- und Arbeitsbuch ist gedacht für Jugendliche und Erwachsene, die größere Schwierigkeiten mit der deutschen Rechtschreibung haben. Für die Kurse, die wir seit Jahren in Einrichtungen der Erwachsenenbildung durchführen, haben wir das hier verwendete Material zusammengestellt und mit unseren Kursteilnehmern erprobt.

Der vorliegende Grundbaustein 2 schließt sich thematisch unmittelbar an den Grundbaustein 1 an. Die dort vorgestellten und eingeübten Lern- und Arbeitsmethoden, wie z. B. Zerlegen von Wörtern in Sinneinheiten (Morphemmethode), Erkennen und Bestimmen von Bedeutungszusammenhängen, Wortfamilien und Grundbausteinen sowie Gruppendiskussionen, werden auch im Grundbaustein 2 benutzt, so daß Arbeitserfahrungen mit Grundbaustein 1 hilfreich sind. Sie werden jedoch nicht vorausgesetzt.

Die Einteilung der Lerneinheiten orientiert sich wie bisher an den verbreitetsten Rechtschreibunsicherheiten unserer Kursteilnehmer und erstreckt sich bis hin zu den Grundzügen der Groß- und Kleinschreibung.

Erklärung der verwendeten Symbole

Links bzw. rechts oben auf jeder Seite finden Sie über die große Ziffer schnell den Lernabschnitt, den Sie bearbeiten wollen. Die Übungen sind entweder mit Ü oder mit S gekennzeichnet; die erste Gruppe ist vor allen Dingen für das gemeinsame Üben im Unterricht gedacht, die zweite eignet sich gut für das Selbstlernen zu Hause.

Die folgenden Symbole stellen wichtige Hilfen bei der Arbeit mit diesem Buch dar und bedeuten im einzelnen:

So sprechen wir.

So hören wir.

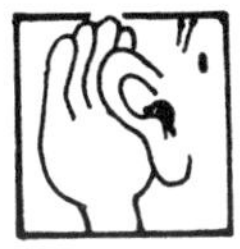

So schreiben wir.

Wenn dieses Zeichen auftaucht, soll ein Problem in offener Gruppendiskussion gelöst werden.

Dieses Zeichen bedeutet "Achtung" und steht bei Regeln, Empfehlungen und Merksätzen.

Mit diesem Symbol wird vor Rechtschreibfallen gewarnt, z. B. Ausnahmen.

Hier wird Hilfe bei Schwierigkeiten angeboten.

Dieses Zeichen weist auf regionale Unterschiede in der Aussprache hin.

Mit diesem Zeichen wird auf Begleitwörter hingewiesen, die das Erkennen von Namenwörtern erleichtern.

1

/f/

f oder v?

... und dann fiel ihr die goldene Kugel in den Brunnen.

Aschenputtel bekam viel Hilfe von den Tauben.

Ü1

Vergleichen Sie Schreibweise und Aussprache von fiel und viel.
Wie viele Buchstaben hat jedes Übungswort?
Wie viele Laute sprechen/hören Sie in jedem Übungswort?

☐☐☐☐ f i e l

☐☐☐☐ v i e l

Ü2

Markieren Sie in jedem der beiden Übungswörter den ersten Buchstaben. Was sprechen/hören Sie an diesen Stellen? Diskutieren Sie in der Gruppe.

In Ü2 haben wir festgestellt, daß die Wörter fiel und viel zwar unterschiedlich geschrieben, aber gleich ausgesprochen werden. Um die richtige Schreibweise zu finden, müssen wir nach den Grundbedeutungen fragen, um die Wörter in die richtige Wortfamilie einordnen zu können.

Ü3

Lesen Sie die folgenden Übungssätze laut:

1. Weihnachten fiel kein Schnee.
2. Der Reiter fiel vom Pferd.
3. Der Boxer fiel zu Boden.
4. Er fiel vor Schreck in Ohnmacht.
5. Ihm fiel zu dieser Frage nichts ein.

1. Dem Kranken geht es viel besser.
2. Dieses Jahr gibt es viel Obst.
3. Er kennt nicht viel von der Welt.
4. Sie hat im Lotto viel Geld gewonnen.
5. Es gibt viel zu lachen bei uns.

Suchen Sie gemeinsam die Grundbedeutungen von fiel und viel.
Einigen Sie sich auf eine gemeinsame Formulierung.

fiel mit f bedeutet:

viel mit v bedeutet:

Ü4

Untersuchen Sie, ob die gefundenen Grundbedeutungen von fiel und viel in den nachstehenden Sätzen wiederzufinden sind, und entscheiden Sie, welche Übungswörter der Wortfamilie fall/fiel und welche der Wortfamilie viel angehören.

1. Vom vielen Fernsehen bekam er Kopfschmerzen.
2. Durch den Sturm fielen die Ziegel vom Dach.
3. Mit viel Appetit fiel sie über den Heringssalat her.

S1

Bilden Sie mit - fiel- und -viel- je 3 Sätze.

In den folgenden Wörtern sprechen/hören wir / f /, müssen aber V schreiben. Prägen Sie sich die Schreibweise dieser Wörter ein.

Vater	Pulver	viel	brav	von, vom
Vogel	Nerven	voll	aktiv	vor
Volk		vorn	passiv	bevor
Vetter	Motiv	vier	massiv	
Vieh				
Veilchen				
Vers				
Vesper				

Ü5

Schreiben Sie gemeinsam eine kleine Geschichte mit mindestens 5 der Übungswörter aus unserer Liste.

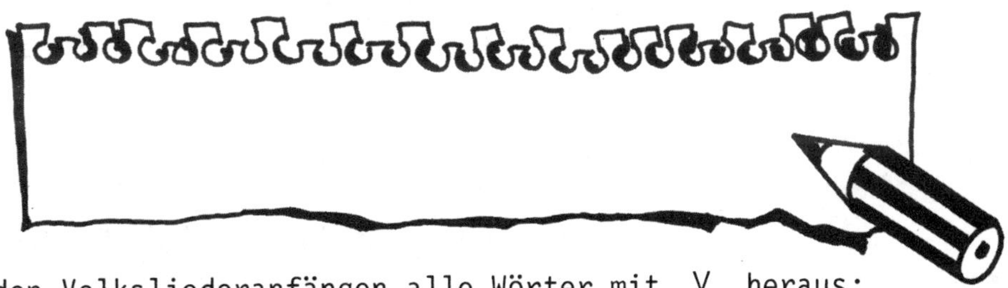

Ü6

Schreiben Sie aus den folgenden Volksliederanfängen alle Wörter mit V heraus:

Hoch auf dem gelben Wagen sitz ich beim Schwager vorn ...

Am Brunnen vor dem Tore ...

Hab mein Wagen vollgeladen ...

Horch, was kommt von draußen rein ...

Vom Himmel hoch, da komm ich her ...

/f/: f oder v?

Prägen Sie sich mit Hilfe der folgenden Zeichnungen die Bedeutungen und Schreibweisen der Wörter voll, vorn, vor und von/vom ein.

Die Wanne ist voll.

Die Schnauze ist vorn, der Schwanz ist hinten.

Vor der Kurve hätte er bremsen müssen.

Der letzte Zug ist vor 10 Minuten abgefahren.

Alles Gute kommt von oben.

Ü7

Bilden Sie weitere Sätze mit den Wörtern voll, vorn, vor, von/vom.

PROGRAMMVORSCHAU

Heute auf Kanal 46: **Unter falschem Verdacht**
Spielfilm von Ferdinand Vogel

Gegen den Rat seiner Freunde verliebt sich der Versicherungsangestellte Michael in die verwöhnte Ulla, die jedoch mit Bruno, dem Erben eines großen Vermögens, verheiratet ist. Als Bruno vergiftet aufgefunden wird, fällt der Verdacht sofort auf Michael. Dieser wird verhaftet. Ulla, die für die Tatzeit ein Alibi hat, versucht nun …

Ü8

Schreiben Sie die Wörter aus dem Text heraus, die mit ver- anfangen.

Ver|dacht

Trennen Sie nun den Anfangsbaustein ver- von den Wörtern ab.

Wir stellen fest: Der Anfangsbaustein ver- kommt nicht allein, sondern nur in Verbindung mit anderen Bausteinen vor.

In Ü8 haben wir den Anfangsbaustein ver- von den Übungswörtern abgetrennt. Wir untersuchen nun, ob die übriggebliebenen Wortteile ohne ver- noch einen Sinn ergeben. Die dafür notwendigen Arbeitsschritte zeigen wir am Übungswort Verdacht:

- Ver dacht — gehört zur Wortfamilie denk/dacht/dächt
- Andere Wörter dieser Wortfamilie sind: denken, denkbar, dachte, gedacht, Gedächtnis
- Die Grundbedeutung dieser Wortfamilie ist: überlegen, geistig arbeiten, urteilen, sich vorstellen.
- Wir stellen fest, daß der Wortteil -dacht- auch ohne ver- sinnvoll bleibt.
- Diskutieren Sie in der Gruppe, was Verdacht mit der genannten Grundbedeutung zu tun hat.

Ü9

Untersuchen Sie nun mit den notwendigen Arbeitsschritten das Übungswort verliebt.

- ver liebt — gehört zur Wortfamilie ____________________
  ____
- Andere Wörter dieser Wortfamilie sind: ____________________
  ____
  ____
- Die Grundbedeutung dieser Wortfamilie ist: ____________________
  ____
  ____
- Stellen Sie fest, ob der Wortteil liebt auch ohne ver- sinnvoll bleibt:
  ____

- Diskutieren Sie in der Gruppe, was verliebt mit der gefundenen Grundbedeutung zu tun hat.

S2

Arbeiten Sie in der gleichen Weise mit den Wörtern Versicherung, verhaftet, versucht und vergiftet.

Ü10

Wie könnte die Geschichte aus der Programmvorschau von S. 15 weitergehen? Schreiben Sie eine Fortsetzung dazu.

Der Anfangsbaustein ver- ist leicht zu verwechseln mit dem Baustein -fern- , der allein oder in Verbindung mit anderen Bausteinen vorkommen kann.

Ü11

Trennen Sie den Baustein -fern- in den folgenden Wörtern ab.

Fernfahrer ferngelenkt Fernbedienung Fernsehfilm

Ü12

Die Grundbedeutung von fern lautet: weit weg.
Untersuchen Sie, ob diese Grundbedeutung in den Übungswörtern von Ü11 wiederzufinden ist.

Ü13

Suchen Sie weitere Wörter mit dem Baustein -fern- .
Schreiben Sie dann mit 5 der gefundenen Wörter je einen Satz.

Merken Sie sich auch die Schreibweise der folgenden Wörter:

Ferkel

Ferien

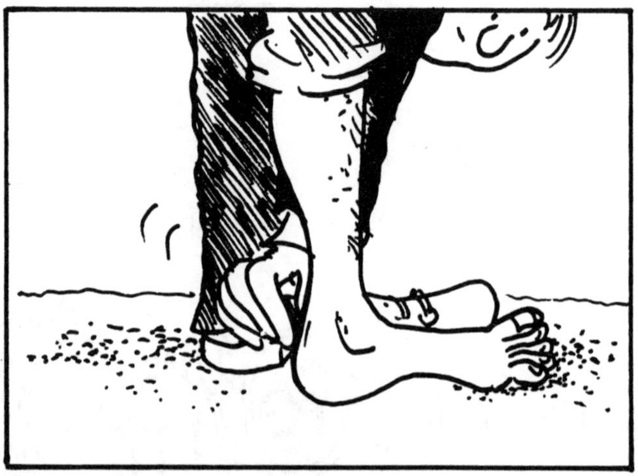

Ferse

fertig

Ü14

Bringen Sie alle 4 Wörter in einem Satz unter, und lernen Sie diesen Satz als Ihre "Eselsbrücke" auswendig.

____

____

____

Achten Sie auf die unterschiedliche Schreibweise der Wörter Ferse (am Fuß) und Verse (im Gedicht).

Leicht zu verwechseln sind auch die Bausteine -vor- und -fort-.

Ü15

Zur Abschlußfeier will Martina ein Gedicht vortragen.

Ich muß noch die Pakete forttragen.

Vergleichen Sie in den Übungssätzen die Wörter vortragen und forttragen, und füllen Sie dazu die Bausteine aus:

	tragen

	tragen

Ü16

Die Grundbedeutung von vor haben wir auf S. 14 kennengelernt.
Wie lautet die Grundbedeutung von fort? ______________________

____

Ü17

Bilden Sie weitere Sätze mit fort.

Unterscheiden Sie auch die Wörter vor und für.

2  /f/  ph, pf, f

Der Laut, den wir bisher mit f oder V geschrieben haben, kann in Fremdwörtern auch mit ph geschrieben werden.

Merken Sie sich die folgenden Wörter:

Phase	Philosophie	Strophe
Phosphor	Philharmonie	Triumph
Physik	Quadrophonie	Lymphdrüse
Phantom	Diphtherie	Paragraph
Phrase	Geographie	Katastrophe
Phobie	Amphibie	Atmosphäre
phlegmatisch		Asphalt
		Alphabet

Ü1

Suchen Sie zunächst die Wörter aus unserer Liste, die Sie kennen, und versuchen Sie, für jedes Wort eine Kurzerklärung oder ein Beispiel zu geben.

Phase ____ Sie sind in der letzten Phase ihrer Ausbildung.

____ ____

____ ____

____ ____

____ ____

____ ____

____ ____

Ü2

Was hören/sprechen Sie bei den folgenden Wörtern am Wortanfang? Diskutieren Sie in der Gruppe.

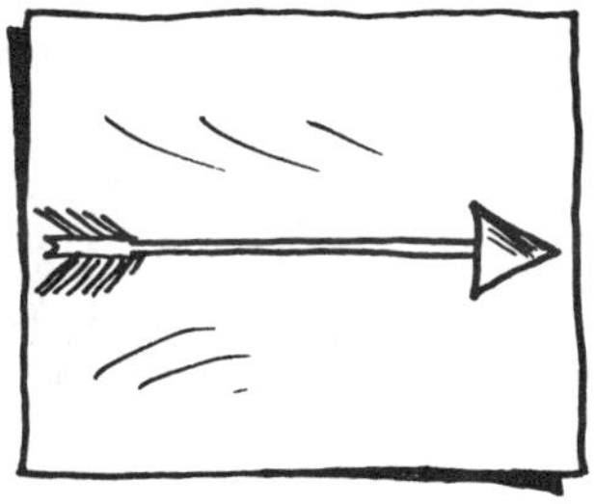

Pfeil

Pfund

Pflaume

pfui!

Pfennig

Pfau

pfiffig

Pfirsich

pflücken

Pfote

Pfütze

Pfand

Wenn Sie feststellen, daß Sie am Wortanfang /pf/ sprechen, haben Sie wahrscheinlich keine Schwierigkeiten, die Wörter auch richtig mit pf zu schreiben. Sie können deshalb die folgenden Übungen auf S. 22 weglassen. Diese Übungen sind für diejenigen gedacht, die am Wortanfang nur /f/ sprechen/hören. Die unterschiedliche Aussprache /pf/ oder /f/ hängt mit der Mundart zusammen, die Sie sprechen.

Mundart

Ü3

Unterstreichen Sie in den folgenden Sätzen die Wörter mit pf.

1. Sie wiehert wie ein Pferd.
2. Ich gieße für die Nachbarin die Pflanzen.
3. Der Pfeffertopf schmeckt ekelhaft.
4. Die Zwiebeln werden in der Pfanne gedünstet.
5. Er pfiff anerkennend durch die Zähne.
6. Das Pflaster klebt nicht gut.
7. Die neue Bluse ist so pflegeleicht.

S1

Bilden Sie Sätze mit den Wörtern: Pfingsten Pförtner Pflicht Pfuscherei Pfahl Pfifferling.

Ü4

S u m p f

Vergleichen Sie Schreibweise und Aussprache beim Wort Sumpf. Wie viele Laute sprechen/hören Sie in diesem Wort, das aus 5 Buchstaben besteht?

Ü5

Denken Sie sich gemeinsam für jede der beiden folgenden Wortgruppen als Eselsbrücke ein Gedicht oder einen Merksatz aus. Es kommt hierbei mehr darauf an, daß sich Ihr Gedicht/Merksatz gut einprägt; vernünftiger Sinn ist weniger wichtig.

Sumpf	Dampf
dumpf	Kampf
Strumpf	Krampf
Trumpf	mampf
Schlumpf	-stampf-
Rumpf	
-schrumpf-	

Er schimpft wie ein Rohrspatz!

Onkel Herbert erzählt

Als ich spät nachts in Baden-Baden ankam, wollte ich nur noch schlafen. Der Taxifahrer empfahl mir das Hotel „Zur roten Kugel“ und fuhr mich hin.

Der Eingang war nur schwach erleuchtet. Es war niemand am Empfangsschalter. Plötzlich empfand ich eine merkwürdige Unruhe und wollte trotz meiner Müdigkeit gehen, aber da …

Ü6

Suchen Sie zu den in der Erzählung markierten Übungswörtern **empfahl, Empfang-, empfand** weitere Wörter aus denselben Wortfamilien und schreiben Sie diese auf.

emp fahl	Emp fang	emp fand

S2

Schreiben Sie Onkel Herberts Erzählung weiter, und verwenden Sie dabei möglichst viele der gefundenen Wörter aus Ü6.

Ü7

Verändert sich die Bedeutung der Übungswörter in den Tortenstückchen, wenn man den Baustein um- davorsetzt?
Diskutieren Sie in der Gruppe.

Ü8

Wir müssen die Palme umpflanzen.

Können Sie mir das Benzin in den Tank umfüllen?

Trennen Sie in den Übungswörtern umpflanzen und umfüllen den Baustein um- ab. Untersuchen Sie, ob die übriggebliebenen Wortteile ohne um einen Sinn ergeben.

Merken Sie sich die Schreibweise der folgenden Wörter mit nf:

Ü9

Aus

Her

Unter

An

Zusammen

Zu

kunft

Der Baustein -kunft- kommt nicht allein, sondern nur zusammen mit anderen Bausteinen vor. Setzen Sie die vorgegebenen Bausteine zu Wörtern zusammen, und bilden Sie mit jedem Wort einen Satz.

Aus kunft — Leider war die Auskunft falsch.

  **/w/**  **v** 

Suchhilfe Alphabet 3

Ü1

Schreiben Sie aus den beiden Wörterbuchspalten zunächst die markierten Wörter heraus.
Was sprechen/hören Sie am Anfang eines jeden Wortes?

vor'züg·lich ⟨Adj.⟩ *ausgezeichnet, ganz bes. gut;* er ist ein ~er Redner, Schwimmer; er sieht ~ aus; dieser Wein schmeckt ~; er spricht ~ Französisch [zu *Vorzug*]
Vor'züg·lich·keit ⟨f. 20; unz.⟩ *vorzügl. Beschaffenheit*
'Vor·zugs·ak·tie ⟨f.⟩ *Aktie, deren Inhaber besondere Rechte genießt*
'Vor·zugs·milch ⟨f.⟩ *von behördlich überwachten Kühen stammende Milch mit bestimmtem Fett- u. Keimgehalt*
'Vor·zugs·preis ⟨m.⟩ *bes. günstiger Preis*
'vor·zugs·wei·se ⟨Adv.⟩ *vor allem, besonders, hauptsächlich*
Vo'tant ⟨[vo-] m. 16⟩ *jmd., der votiert, Wähler;* ⟨österr. a.⟩ *Schöffe* [< spätlat. *votans* „wählend"; zu *votare*]
Vo·ta·ti'on ⟨[vo-] f. 20; †⟩ *das Votieren, Abstimmung* [< nlat. *votatio;* zu spätlat. *votare* „wählen"]
vo'tie·ren ⟨[vo-] V. i.⟩ *abstimmen, etwas beschließen;* ⟨österr.⟩ *eine Meinung äußern;* der Abgeordnete votierte für die Vorlage ⟨österr.⟩ [< spätlat. *votare;* zu *Votum*]
Vo'tiv·bild ⟨[vo-] n.⟩ *einem Heiligen auf Grund eines Gelübdes geweihtes Bild* [< lat. *votivus* „versprochen, geweiht"; zu *Votum*]
Vo'tiv·kir·che ⟨f.⟩ *einem Heiligen auf Grund eines Gelübdes gestiftete Kirche*
Vo'tiv·mes·se ⟨f.⟩ *Messe, die für ein bestimmtes Anliegen od. eine bestimmte Person gelesen wird*
Vo'tiv·ta·fel ⟨f.; im alten Rom⟩ *eine den Göttern geweihte Tafel;* ⟨kath. Kirche⟩ *einem Heiligen auf Grund eines Gelübdes geweihte Tafel*
Vo·tum ⟨['vo:-] n.; -s, -ten od. -ta⟩ *Gelübde; Stimmabgabe; Meinungsäußerung; Gutachten, Urteil;* sein ~ abgeben [lat., urspr. „das Versprochene", auch „feierlich abgegebene Stimme"; zu *vovere* (Part. Perf. *votum*) „versprechen, wünschen"]
Voute ⟨['vu:t(ə)] f. 19; †⟩ *Gewölbe; Hohlkehle zwischen Decke u. Wand* [< frz. *voûte* < lat. *volutus* „eingerollt"; → *Volute*]
vox 'po·pu·li, vox dei ⟨[vɔks 'de:i]⟩ *Volkes Stimme (ist) Gottes Stimme* [lat.; von Seneca, nach Hesiod]
Voya·geur ⟨[vwaja'ʒœ:r] m. 1 od. m. 6; †⟩ *Reisender, Handelsreisender;* → a. *Commis voyageur* [frz.]
Voy·eur ⟨[vwa'jœ:r] m. 1⟩ *jmd., der verborgen andere bei geschlechtl. Betätigung beobachtet u. dabei Befriedigung empfindet* [frz.; urspr. „Augenzeuge"; zu *voir* „sehen" < lat. *videre*]
vo'zie·ren ⟨[vo-] V. t.⟩ *berufen; vorladen* [< lat. *vocare* „rufen"]
Vp, VP ⟨Abk. für⟩ *Versuchsperson*
Vs ⟨Abk. für⟩ *Voltsekunde;* = *Weber*[2]
VTOL-Flugzeug ⟨n.⟩ = *Senkrechtstarter* [engl. Abk. für *vertical take-off and landing* „senkrechtes Starten und Landen"]
vul'gär ⟨[vul-] Adj.⟩ *gemein, gewöhnlich, ordinär;* ~er Ausdruck; ~es Benehmen; ~e Sprache [< lat. *vulgaris* „allgemein"; zu *vulgus* „Menge"]
Vul·ga·ri'tät ⟨[vul-] f. 20⟩ **1** ⟨unz.⟩ *vulgäre Beschaffenheit, Gewöhnlichkeit* **2** ⟨zählb.⟩ *vulgäre Äußerung*
Vul'gär·la·tein ⟨[vul-] n.⟩ *die umgangssprachl. Form der latein. Sprache*
Vul'gär·spra·che ⟨[vul-] f.⟩ *vulgäre, gewöhnl. Sprache;* ⟨Sprachw.⟩ *nichtlatein. Sprache eines europ. Volkes im MA*

Vul'kan ⟨[vul-] m. 1⟩ *durch Vulkanismus entstandener Berg, aus dessen Gipfel Dämpfe u. glühende Lava dringen; „feuerspeiender" Berg* (tätiger ~); erloschener ~ *V., der nicht mehr tätig ist;* auf einem ~ tanzen ⟨fig.⟩ *mutwillig Gefahren trotzen, ein gefährl. Spiel treiben* [nach dem italischen Feuergott *Vulcanus (Volcanus)*]
Vul'kan·fi·ber ⟨[vul-] f.⟩ *hornartiger Werkstoff aus Zellulose*
Vul·ka·ni·sa·ti'on ⟨[vul-] f. 20⟩ *das Vulkanisieren*
vul'ka·nisch ⟨[vul-] Adj.⟩ *von einem Vulkan (herrührend);* ~es Gestein; ~en Ursprungs
vul·ka·ni'sie·ren ⟨[vul-] V. t.⟩ Naturkautschuk ~ *zur Herstellung elastischen Kautschuks mit Schwefel- o. ä. chem. Verbindungen behandeln* [zu *Vulkan*]
Vul·ka·ni'sie·rung ⟨[vul-] f. 20⟩ *das Vulkanisieren*
Vul·ka'nis·mus ⟨[vul-] m.; -; unz.⟩ *alle mit dem Empordringen von Stoffen aus dem Erdinneren zusammenhängenden Kräfte u. Erscheinungen* [zu *Vulkan*]
Vul·ka'nit ⟨[vul-] m. 1⟩ = *Ergußgestein* [zu *Vulkan*]
vul·ne'ra·bel ⟨[vul-] Adj.; Med.⟩ *verletzbar, verletzlich* [zu lat. *vulnerare* „verwunden, verletzen"]
Vul·ne·ra·bi·li'tät ⟨[vul-] f. 20; unz.; Med.⟩ *vulnerable Beschaffenheit, Verletzbarkeit*
Vul·va ⟨['vulva] f.; -, -ven⟩ *äußere weibl. Geschlechtsteile, Scham: Introitus vaginae* [lat.; zu *volvere* „sich drehen, wölben"]
v. v. ⟨Abk. für⟩ *vice versa*
VW ⟨Abk. für⟩ *Volkswagen*
'V-Waf·fen ⟨f.; Pl.⟩ *im 2. Weltkrieg entwickelte, deutsche selbstgesteuerte Projektile mit Strahl- od. Raketenantrieb* [V steht als Abk. für: *Vergeltung*]

W

W ⟨chem. Zeichen für⟩ *Wolfram;* ⟨Zeichen für⟩ *Watt;* ⟨Abk. für⟩ *West, Westen*
'Waa·ge ⟨f. 19⟩ *Gerät zur Gewichtsbestimmung; Gerät zur Bestimmung der Waagerechten* (Wasser~); *ein Sternbild;* ⟨fig.⟩ *Gleichgewicht;* beides hält sich die ~ ⟨fig.⟩ *beides gleicht sich aus, beides ist gleich oft vorhanden, ist gleich viel wert;* → a. *Goldwaage* [< mhd. *wage* < ahd. *waga;* zu idg. **uegh-* „bewegen"; verwandt mit *wiegen, Weg, Wagen*]
'Waa·ge·mei·ster ⟨m.⟩ *Verwalter einer städt. Waage od. einer Fabrikwaage*
'waa·ge·recht ⟨Adj.⟩ *so wie die beiden in gleicher Höhe schwebenden Waagschalen ausgerichtet, eben, horizontal;* Ggs *senkrecht* [zu *Waage* + *recht*]
'Waa·ge·rech·te ⟨f. 19⟩ *waagerecht stehende Gerade, Horizontale*
Waa·ge·recht'stoß·ma·schi·ne ⟨f.⟩ *Stoßmaschine mit waagerecht geführtem Meißel;* Sy *Shapingmaschine*
'waag·recht ⟨Adj.⟩ = *waagerecht*

In der Einheit 1 haben wir uns bereits mit dem Rechtschreibproblem f oder v beschäftigt.

Bei der Arbeit mit den Wörterbuchspalten in Ü1 haben wir festgestellt, daß es aber auch Wörter gibt, die mit v geschrieben werden, obwohl wir an dieser Stelle /w/ sprechen/hören.

Leider gibt es keine Regel, die uns bei der Entscheidung, ob wir v oder w schreiben müssen, wenn wir /w/ hören/sprechen, eine echte Hilfe bietet. Darum müssen wir imstande sein, solche Wörter im Wörterbuch aufzusuchen. Hierzu brauchen wir das Alphabet.

Das Alphabet:

A a B b C c D d E e

F f G g H h I i J j K

k L l M m N n O o P p

Q q R r S s T t U u

V v W w X x Y y Z z

Ü2

Sortieren Sie als Vorübung zum schnellen Nachschlagen die folgenden Wörter danach, ob sie an den Anfang, in die Mitte oder ans Ende des Alphabets gehören:

Schnecke, Moped, blau, bauen,
Veranda, gesund, was, Radio.

A B C D E F G H   I J K L M N O P Q R   S T U V W X Y Z

Anfang	Mitte	Ende

Ü3

Schreiben Sie nun unsere 8 Wörter in alphabetischer Reihenfolge auf, und suchen Sie diese Wörter in Ihrem Wörterbuch. Zwischen welchen beiden Wörtern finden Sie das jeweilige Übungswort? Arbeiten Sie nach diesem Beispiel:

Baude

bauen

Bauer

Durch das Alphabet wird die Reihenfolge der Wörter im Wörterbuch festgelegt. Wörter mit gleichem Anfangsbuchstaben werden dann nach dem zweiten Buchstaben sortiert: zum Beispiel kommt Bad vor Bett, weil a im Alphabet vor e kommt.

Wenn mehrere Buchstaben am Anfang der Wörter gleich sind, erleichtert es das Suchen, wenn wir die Wörter wie folgt untereinanderschreiben:

1.	2.	3.	4.	5.		
B	a	u	d	e	=	Baude kommt vor bauen, weil d vor e kommt.
b	a	u	e	n	=	bauen kommt vor Bauer, weil n vor r kommt.
B	a	u	e	r		

S1

Sortieren Sie die folgenden 3 Wortgruppen alphabetisch:

a) Trauring, Traurigkeit, traurig

b) wippen, Wipfel, Wippe

c) Geschwür, Geschwindigkeit, Geschwätz, Geschwister, Geschworener

Aus Platzgründen erfassen die Wörterbücher meistens nicht alle Wörter einer Wortfamilie, sondern nur die Grundformen, die dann in alphabetischer Reihenfolge geordnet sind. So müssen wir z. B. das Wort sieht unter dem Suchbegriff sehen nachschlagen.

Ü4

Finden Sie für die unterstrichenen Wörter die Grundform und schlagen Sie diesen Suchbegriff im Wörterbuch nach.

1. Wir nahmen den Hund mit auf die Reise.

2. Du nimmst mich nicht für voll.

3. Damit wird ihm der Wind aus den Segeln genommen.

Suchbegriff: ____________________

Ü5

Schreiben Sie neben die Übungswörter die passenden Grundformen.

fiel:	fallen	getrunken:	
ißt:		hielt:	
gefroren:		bat:	
mochte:		ließ:	
ging:		gestanden:	
würde:		geflogen:	

Beim Nachschlagen in Wörterbüchern stoßen wir wieder auf die Schwierigkeit, daß die meisten Wörter in Aussprache und Schreibweise nicht übereinstimmen. Um das Finden der gesuchten Wörter zu erleichtern, wollen wir uns die in Grundbaustein 1 und 2 bisher behandelten Probleme noch einmal in Erinnerung rufen.

		Beispiele:
/e/	e oder ä	Wende; Wände
/oi/	eu oder äu	heute; Häute
/i/	i oder ie oder ih oder ieh	wider; wieder; ihm; Vieh
/a/	a oder aa oder ah	Plan; Saal; Bahn
/e/	e oder ee oder eh	Regen; Schnee; lehnen
/o/	o oder oo oder oh	verboten; Tretboote; Kohlen
/u/	u oder uh	Zug; Ausfuhr
/f/	f oder ff	oft; offen
/l/	l oder ll	Holz; toll
/m/	m oder mm	Zimt; immer
/n/	n oder nn	Tante; Tanne
/p/	p oder pp	Gips; Rippe
/r/	r oder rr	Herz; Herr
/t/	t oder tt	etwas; netter
/f/	f oder v oder ph oder pf	fiel; viel; Phase; Pfennig
/w/	v oder w	Vulkan; Waage

Ü6

Unsere Liste enthält viele Wörter, in denen wir /W/ sprechen/hören, aber V schreiben müssen. In manchen Mundarten wird bei einigen dieser Wörter nicht /W/, sondern /f/ gesprochen. Kreuzen Sie zunächst die Wörter an, die Sie kennen, und prägen Sie sich die Schreibweise ein.
Suchen Sie sich danach aus der Liste einige Wörter aus, die Sie nicht oder nicht genau kennen, aber kennenlernen möchten.
Schreiben Sie diese Wörter auf die Vorderseite einer Karteikarte - wie auf unserem Musterbeispiel. Suchen Sie dann aus einem Wörterbuch die Bedeutung, klären Sie diese in einem Partner- oder Gruppengespräch, und schreiben Sie das Ergebnis auf die Rückseite der Karteikarte.

privat	Lokomotive	Pavian
Manöver	Kadaver	bravo
Pullover	Evolution	Privileg
investieren	Havarie	Taverne
trivial	Palaver	Advent
Konserve	Advokat	Sklave
Invalide	evangelisch	Niveau
Reserve	Kaviar	Provision
Pavillon	Novelle	Invasion
Universität	Revolver	Interview
Klavier	Provinz	Servus
renovieren	pervers	Olive
revanchieren	Salve	Aversion
intervenieren	Savanne	servieren
universal	Inventur	Malve

Proviant	Intervall	Lava
Bravour	Dividende	Livree
Service	Endivie	solvent
lavieren	eventuell	Oktave
Transvestit	diverse	Inventar
extravagant	Division	Rekonvaleszent
dividieren	Inversion	introvertiert
Relevanz	Navigation	Universum
relativieren	Adverb	universell

S2

Die nächste Liste umfaßt Wörter, deren Anfangsbuchstabe immer ein V ist, obwohl wir meistens /W/ sprechen/hören, in manchen Mundarten auch /f/. Unterstreichen Sie die Wörter, die Sie kennen oder kennenlernen möchten. Ordnen Sie diese dann in alphabetischer Reihenfolge.

Vase, Violine, Vulkan, Villa, Vaseline, vibrieren, vakant, Velours, Vision, Valuta, Vagabund, Virus, Vasall, vehement, violett, vage, Virginia, Vegetarier, verifizieren, Vakuum, Visage, Vagina, Vehikel, Volumen, Verb, viril, vulgär, variabel, vis-à-vis, Votum, Vikar, Vampir, Visite, Vokabel, Venus, Viktualien, Vene, vital, Vanille, Veto, Volvo, vegetieren, Variante, Vitamin, Voyeur, Vatikan, Visier, Volt, Veterinär, Vitrine, Valenz, Visum, Ventil, Video.

4  /s, ß/  s, ss, ß?

Ü1

Was hören/sprechen Sie an den markierten Stellen?

Wir stellen fest:

Wir schreiben S , wenn wir /S/ hören. Im Hochdeutschen und den meisten Mundarten wird dieses /S/ am Wort- und Bausteinanfang "gesummt". Auch wenn in Ihrer Mundart das /S/ nicht "gesummt" wird, können Sie sich als Hilfe merken: Am Wort- und Bausteinanfang schreiben wir S , und nie SS oder ß .

Ü2

Suchen Sie weitere Wörter, die mit S anfangen.

____________	____________	____________
____________	____________	____________
____________	____________	____________
____________	____________	____________
____________	____________	____________

Ü3

In diesen Häusern haben sich Marder häuslich niedergelassen.

Unsere neuen Gläser stammen aus einer Glashütte im Fichtelgebirge.

Die Endpreise entnehmen Sie bitte der Preisliste .

Schreiben Sie aus jedem Übungssatz die markierten Wörter untereinander und trennen Sie die Bausteine ab.

Häus|ern

häus|lich

Was hören/sprechen Sie am Ende der Bausteine? 

Ü4

Suchen Sie zu den markierten Bausteinen Wörter aus derselben Wortfamilie, die mit e oder i weitergehen.

grasgrün -gras- grasen, Gräser

kreisrund

Losverkäufer

mausgrau

Felsbrocken

Gänschen

Gleisbau

Moosfläche

Wir stellen fest, daß wir Wörter derselben Wortfamilie immer mit s schreiben; egal ob wir /s/ oder /ß/ sprechen/hören.

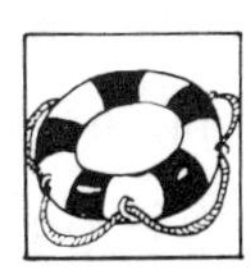

Ü5

Gehört das Wort Eisfläche in die Gruppe der Übungswörter von Ü4? Warum?

Auch das Wort der Reis gehört zu dieser Gruppe von Übungswörtern, obwohl es nur schwer zu verlängern ist (z.B. Die Kochzeit des Reises beträgt 20 Minuten).

Ü6

1. Im Reisebüro rissen sich die Leute um die Sonderflüge nach Rom.
2. Der Reißverschluß an der Reisetasche ist gerissen.
3. Der Riß in der Decke wird immer größer.
4. Er reist mit kleinem Gepäck.
5. Reißt euch zusammen!

In unseren Übungssätzen sind Wörter aus den Wortfamilien reisen und reißen enthalten. Ordnen Sie alle in Frage kommenden Wörter der richtigen Wortfamilie zu, und schreiben Sie die passende Grundbedeutung dazu.

reis|en reiß|en

reisen bedeutet:

reißen bedeutet:

Wir stellen fest: Bei Wörtern der Wortfamilie reisen sprechen/hören wir /S/ oder /ß/, schreiben aber immer S. Bei Wörtern der Wortfamilie reißen sprechen/hören wir /ß/, schreiben entweder ß oder SS.

Ü7

Finden Sie weitere Wörter aus der Wortfamilie gruß/grüß.
Achten Sie auf die Schreibweise mit ß.

Die folgende Liste enthält Wörter und Bausteine, die immer mit ß geschrieben werden - unabhängig davon, ob sie allein oder zusammen mit anderen Bausteinen vorkommen.

Spaß	Fleiß	scheußlich	Strauß	groß	Fuß
Maß	weiß	Preußen	außen/ draußen	Schoß	Ruß
Straße	Schweiß			Kloß	
	heiß		äußer-	Stoß	süß
Gefäß	heißen			Floß	büßen
Gesäß	Meißel			Soße	
	Kreiß-saal			bloß	

S1

- maß - mäßig, gemäß, Maßkrug, Maßnahme
- spaß - Spaßvogel, Späße, spaßig

Suchen Sie weitere Wörter zu den vorgegebenen Wortfamilien:

-außen- ______________________________

-außer- ______________________________

-äußer- ______________________________

-groß- ______________________________

-fuß- ______________________________

-süß- ______________________________

Ü8

Schreiben Sie auf, was auf dem Bild passiert.
(Benutzen Sie dabei möglichst viele Wörter mit ß von der Liste auf S. 38)

Miß Elli von Schloß Haßberg gab ihrem alten Vater einen Gute-Nacht-Kuß und ging vom Erdgeschoß in ihr Schlafzimmer. Kurz nach Mitternacht hörte sie ein Kratzen am Fenster, und es tauchte Bastian, der Schloßvampir, auf, blaß und den Mund zum Biß geöffnet. Miß Elli öffnete ihm das Fenster und half dem ungeschickten Bastian ins Zimmer.

Schlotternd und ganz naß erzählte er, daß er über ein Weinfaß gestolpert und in den Fluß gefallen war. Mitleidig wickelte sie ihn in eine Decke, setzte ihn an den Kamin und öffnete ihm eine Kokosnuß, die er mit Genuß ausschlürfte. Als er aber zudringlich wurde und sich Miß Ellis Hals näherte, gab sie ihm den Laufpaß.

Ü9

Suchen Sie aus dem Text von S. 40 alle Wörter mit ß heraus, tragen Sie diese in die Liste ein und suchen Sie die Mehrzahl oder Steigerung oder andere Wörter derselben Wortfamilie.

	Mehrzahl	Steigerung	andere Wörter derselben Wortfamilie
Miß (englisch für Fräulein)	Misses		
Haßberg			hassen, gehässig

Wir stellen fest, daß die Übungswörter nicht mit ß, sondern mit SS geschrieben werden, wenn der folgende Baustein mit e oder i beginnt.

Wie wir in Ü9 festgestellt haben, werden innerhalb derselben Wortfamilie manche Wörter mit ß und manche Wörter mit SS geschrieben. Dieselbe Veränderung finden wir auch sehr häufig bei einigen wichtigen Tätigkeitswörtern. Prägen Sie sich die drei folgenden Musterbeispiele ein.

Beispiel 1 Tätigkeitswort: lassen		Beispiel 2 Tätigkeitswort: küssen		Beispiel 3 Tätigkeitswort: müssen	
Jetztzeit/Gegenwart		**Jetztzeit/Gegenwart**		**Jetztzeit/Gegenwart**	
Einzahl	Mehrzahl	Einzahl	Mehrzahl	Einzahl	Mehrzahl
ich lasse	wir lassen	ich küsse	wir küssen	ich muß	wir müssen
du läßt	ihr laßt	du küßt	ihr küßt	du mußt	ihr müßt
er läßt sie läßt es läßt	sie lassen	er küßt sie küßt es küßt	sie küssen	er muß sie muß es muß	sie müssen
Vergangenheit		**Vergangenheit**		**Vergangenheit**	
Einzahl	Mehrzahl	Einzahl	Mehrzahl	Einzahl	Mehrzahl
ich ließ	wir ließen	ich küßte	wir küßten	ich mußte	wir mußten
du ließt	ihr ließt	du küßtest	ihr küßtet	du mußtest	ihr mußtet
er ließ sie ließ es ließ	sie ließen	er küßte sie küßte es küßte	sie küßten	er mußte sie mußte es mußte	sie mußten
gelassen		geküßt		gemußt	

Die Schreibweise mit ß und ss ändert sich auch in den folgenden Tätigkeitswörtern:

Wie in	Wie in	Wie in
Beispiel 1:	Beispiel 2:	Beipiel 3:
essen	passen fassen	wissen
fressen	hassen pressen	
messen	vermissen	
vergessen		

S2

Wählen Sie ein Tätigkeitswort aus, und erstellen Sie eine Liste mit allen Personenformen nach dem entsprechenden Beispiel von S. 42.

Ü10

Die Anzahl der Beispielwörter in unserer Liste kann dadurch erhöht werden, daß vor die Grundformen Anfangsbausteine gesetzt werden, zum Beispiel:

essen → aufessen, wegessen, mitessen.

Versuchen Sie auch andere Tätigkeitswörter mit Anfangsbausteinen abzuwandeln. Bilden Sie zu jedem gefundenen neuen Tätigkeitswort einen Satz. Kontrollieren Sie die Schreibweise mit ß oder ss anhand der Beispiele auf S. 42.

Ü11

Das folgende Würfelspiel soll helfen, den Wechsel in der Schreibweise zwischen ß und ss möglichst intensiv zu üben:

Der erste Spieler nennt laut Übungswort und -zeit (zum Beispiel: fassen - Vergangenheit);

er würfelt für den nächsten Spieler, der mit der Augenzahl, die der Würfel anzeigt, die richtige Personenform nach folgendem Spielschema finden soll:

 ich ____________

 du ____________

 er / sie / es ____________

 wir ____________

 ihr ____________

 sie ____________

Wenn zum Beispiel eine 4 gewürfelt wird, muß für das Beispiel "fassen - Vergangenheit" die Personenform <u>wir faßten</u> gefunden werden. Wenn die gesuchte Form richtig aufgeschrieben wurde, kann der zweite Spieler nunmehr ein Tätigkeitswort aussuchen und dem dritten Spieler mit dem Würfel die Personenform vorgeben. (Jede Gruppe kann die Spielregeln ergänzen und erweitern.)

Ü12

Voller Vertrauen blickte das Paar in die Zukunft.

Voller Mißtrauen blickte die alte Frau durch den Türspalt.

Wie verändert der Anfangsbaustein miß die Aussage?

Ü13

Verändern Sie die Bedeutung der folgenden beiden Sätze ins Gegenteil.
Benutzen Sie den Anfangsbaustein miß.

1. Er drückte sich sehr verständlich aus. ____________________

2. Das war Eddies größter Erfolg. ____________________

Ü14

Verändern Sie die folgenden Wörter durch Anfügen von miß.
Schreiben Sie die gefundenen Wörter auf.
Diskutieren Sie, ob sich die Bedeutung der Übungswörter jedesmal zum Gegenteil verändert, wenn miß angefügt wird.

miß	miß
glücken	geglückt
mißglücken	mißglückt
Geburt	gelingen
______	______
brauchen	Gebrauch
______	______
Stimmung	behandeln
______	______
vergnügt	geraten
______	______

S3

Suchen Sie sich 5 weitere Wörter mit dem Anfangsbaustein miß aus einem Wörterbuch; bilden Sie mit jedem dieser Wörter einen Satz.

Merken Sie sich die Schreibweise der Wörter
Missetat und Missetäter immer mit ss.

Während der Anfangsbaustein miß mit ß geschrieben wird, müssen wir beachten, daß der Endbaustein nis mit s bzw. nisse mit ss geschrieben wird.

Ü15

Ergänzen Sie die folgende Liste, indem Sie die Übungswörter in die Mehrzahl setzen. Beachten Sie, daß alle Wörter, die auf nis oder nisse enden, mit großem Anfangsbuchstaben geschrieben werden.

nis	nisse
Erlebnis	Erlebnisse
Hindernis	
Wagnis	
Zeugnis	
Geheimnis	
Verständnis	
Bedürfnis	
Kenntnis	
Ereignis	
Hemmnis	
Geschehnis	
Gleichnis	
Versäumnis	
Vorkommnis	

Bedrängnis	
Bildnis	
Vermächtnis	
Verhängnis	
Verzeichnis	

Ü16

Schreiben Sie gemeinsam eine kleine Geschichte, und verwenden Sie dabei möglichst viele Wörter mit dem Endbaustein nis/nisse.

Mit dem As im Ärmel waren fünf Asse im Spiel.

Einige Wörter, die auf S enden, muß man in der Mehrzahl mit SS schreiben.

Bei Wörtern, die wir gleich oder sehr ähnlich aussprechen, können wir die richtige Schreibweise mit S oder ß/SS über Grundbedeutung und Wortfamilie finden.

Ü17

Hast du Mückenstiche?

Nein, ich habe keine.

Haßt du Mückenstiche?

Ja, ich hasse Mückenstiche.

Zu welchen Wortfamilien gehören hast und haßt?

hast gehört zu ________________.

haßt gehört zu ________________.

Nur Wörter, die zur Wortfamilie hass/haß gehören, schreiben wir mit SS/ß.

Ü18

Jeden Morgen hasten Millionen von Menschen zur Arbeit.

Sie haßten jede Art von Lüge.

Zu welchen Wortfamilien gehören "hasten" und "haßten"?

hasten gehört zu ____________.

haßten gehört zu ______________.

Bei Tätigkeitswörtern, bei denen die Schreibweise zwischen SS und ß schwankt, helfen uns die 3 Beispiele auf S. 42.

S4

Arbeiten Sie wie in Ü17 und Ü18:

Vor der Operation muß er fasten.

Sie faßten einen Entschluß.

Es hätte fast geklappt.

Er faßt alles falsch an.

Ü19

Finden Sie zu den markierten Wörtern die richtigen Wortfamilien, und suchen Sie weitere Wörter, die zu diesen Wortfamilien gehören.

1. Auch ein Allesfresser frißt nicht alles.

Wortfamilie: ____________________

2. Wir setzen Ihnen eine letzte Frist bis zum 30. April.

Wortfamilie: ____________________

3. Sie genießt den Blick auf das Matterhorn.

Wortfamilie: ____________________

4. Wer hat denn da so laut geniest?

Wortfamilie: ____________________

5. Was in Massen schädlich ist, kann in Maßen nützlich sein.

Wortfamilie: ____________________ Wortfamilie: ____________________

S5

Arbeiten Sie wie in Ü19:

Ist er so dick, weil er soviel ißt?

Ü20

1. Bis wann soll das fertig sein?
2. Der Bus fährt nur bis zum Bahnhof.
3. Sie biß auf einen Kirschkern.

bis mit s wird verwendet, wenn man ausdrücken will, wie lang ein Zeitraum oder eine Strecke ist (bis wann? bis wohin?).

biß mit ß gehört zur Wortfamilie beißen.

Prüfen Sie, ob die Erklärungen zu bis und biß in den Beispielsätzen 1 - 3 zutreffen.

S6

Bilden Sie weitere Übungssätze mit bis und biß.

Merken Sie sich besonders die Schreibweise von:
Imbiß und bißchen .

Eine besondere Schwierigkeit ist, zwischen das und daß zu unterscheiden. Die unterschiedliche Schreibweise ist nur grammatisch begründet.

Die Schreibentscheidung können wir uns erleichtern, indem wir versuchen, für das die Wörter dieses oder jenes oder welches einzusetzen, wobei der Sinn des Satzes erhalten bleiben muß.

Ü21

a)	b)
Rudi sieht sich das Endspiel an.	Rudi sieht sich _______ Endspiel an.
Das Spiel muß verlängert werden;	_______ Spiel muß verlängert werden;
das hatten schon alle erwartet.	_______ hatten schon alle erwartet.
Aber auch die Verlängerung	Aber auch die Verlängerung
brachte nur ein Ergebnis,	brachte nur ein Ergebnis,
das unentschieden war.	_______ unentschieden war.

Rudi hofft nun, daß seine Mannschaft bei der Wiederholung gewinnt.	Rudi hofft nun, ______ seine Mannschaft bei der Wiederholung gewinnt.

Lesen Sie sich zunächst unter a) den Übungstext durch.
Versuchen Sie nun unter b), für das die Wörter dieses oder jenes oder welches einzusetzen. Prüfen Sie, ob bei daß dasselbe möglich ist.

S7

Suchen Sie aus Büchern oder Zeitungen Sätze mit das oder daß, und kontrollieren Sie die richtige Schreibweise wie in Ü21 b).

In der nachstehenden Liste finden Sie wichtige und häufige Wörter, die am Ende immer mit S geschrieben werden. Die Hilfsmöglichkeit, bei Unsicherheit am Wortende eine "Verlängerung" mit e oder i zu suchen, gibt es leider bei diesen Wörtern nicht, da sie nicht oder nur sehr schwer verlängert werden können.

es
das, des, dies
was, etwas

uns

als
aus
bis

falls
teils

eins
sechs

morgens
mittags
abends

werktags
sonntags

links
rechts

damals
niemals
jemals
nirgends
nichts
stets

einiges

vorwärts
rückwärts
seitwärts

allerdings
übrigens
besonders
bereits
vergebens
höchstens
mindestens

5 Steigerungsbaustein -st- nach -d, -t, -n

"Die Filmfestspiele gehören zu den bedeutendsten Kulturereignissen in unserer Stadt. Für Veranstalter und Beteiligte gehören diese Tage aber auch zu den anstrengendsten im ganzen Jahr. Für mich ist dies der geeignetste Moment, allen für ihren Einsatz zu danken. Filmen der erfahrensten Regisseure standen diesmal auch Beiträge aus den entlegensten Gegenden der Welt gegenüber. Am erbittertsten wurde um die Auszeichnung für den besten männlichen Hauptdarsteller gerungen, weil die seit langem glänzendsten Rollen zu sehen waren..."

Ü1

Schreiben Sie die unterstrichenen Wörter aus dem Text heraus, und trennen Sie die Bausteine am Wortende nach folgendem Muster ab: bedeutend/st/en

______________________ ______________________

______________________ ______________________

______________________ ______________________

Bei vielen Wörtern hören wir vor dem -st/e nicht oder kaum, wie der vorangehende Baustein endet. Mögliche Formen sind zum Beispiel -en, -end, -ent. Helfen können wir uns, indem wir den -st/e-Baustein abtrennen und die übrigbleibende Grundform im Satz mit sehr ergänzen.

Beispiel: Das bedeutendste Kulturereignis ...
bedeutend
Ein sehr bedeutendes Kulturereignis...

Ü2

Üben Sie das Abtrennen und Ergänzen mit sehr nach obigem Beispiel:

1. ... anstrengendsten Tage ... anstrengend
sehr anstrengende Tage

2. ... der geeignetste Moment ... __________

3. ... die erfahrensten Regisseure ... __________

4. ... die entlegensten Gegenden __________

5. ... am erbittertsten wurde gerungen ... __________

6. ... die glänzendsten Rollen ... __________

Ü3

Fügen Sie an die folgenden Übungswörter -st/ - Bausteine an, und bilden Sie Sätze.

Beispiel: reizend; reizend -ste;

Ilona trug wieder das reizendste Kleidchen.

1. vollkommen - vollkommenste ______

______

2. entscheidend - ______

______

3. hervorragend - ______

______

4. entschieden - ______

______

5. fesselnd - ______

______

6. bitter - ______

______

Ü4

Ergänzen Sie die Lücken im Text. Formulieren Sie zunächst die Sätze mit sehr oder ganz um (wo es möglich ist), um zu erkennen, welche Endung das Grundwort vor dem -st/ - Baustein haben muß.

1. Im entscheid__________ Moment war er nicht zu sehen.
   In diesem sehr ______________ Moment war er nicht zu sehen.

2. Am begeister__________ waren wir vom Zillertal.
   Sehr ______________ waren wir vom Zillertal.

3. Ich war immer das ungezog________ Kind.
   Ich war immer ein sehr ______________ Kind.

4. Am anstreng__________ war die Arbeit im Bergwerk.
   Eine sehr ______________ Arbeit war die im Bergwerk.

5. Meine Schwester erfand die geeign________ Ausreden.
   Meine Schwester erfand sehr ______________ Ausreden.

6. Die wohlhab________ Bürger spendeten leider kaum etwas.
   Sehr ______________ Bürger spendeten leider kaum etwas.

7. Die hervorrag________ Leistungen wurden ausgezeichnet.
   Ganz ______________ Leistungen wurden ausgezeichnet.

8. Das Picknick war der vollkomm________ Reinfall.
   Das Picknick war ein ______________ Reinfall.

6 Großschreibung: Entscheidungshilfen

Manche Wörter werden mit großem Anfangsbuchstaben geschrieben:

1. Das erste Wort in jedem Satz.
2. Namen.
3. Hauptwörter = Dingwörter = Namenwörter = Substantive = Nomen.

Um herauszufinden, ob ein bestimmtes Wort ein Hauptwort = Dingwort = Namenwort = Substantiv = Nomen ist und daher groß geschrieben werden muß, gibt es verschiedene Wege, die wir am Beispielwort "Mannschaft" zeigen wollen.

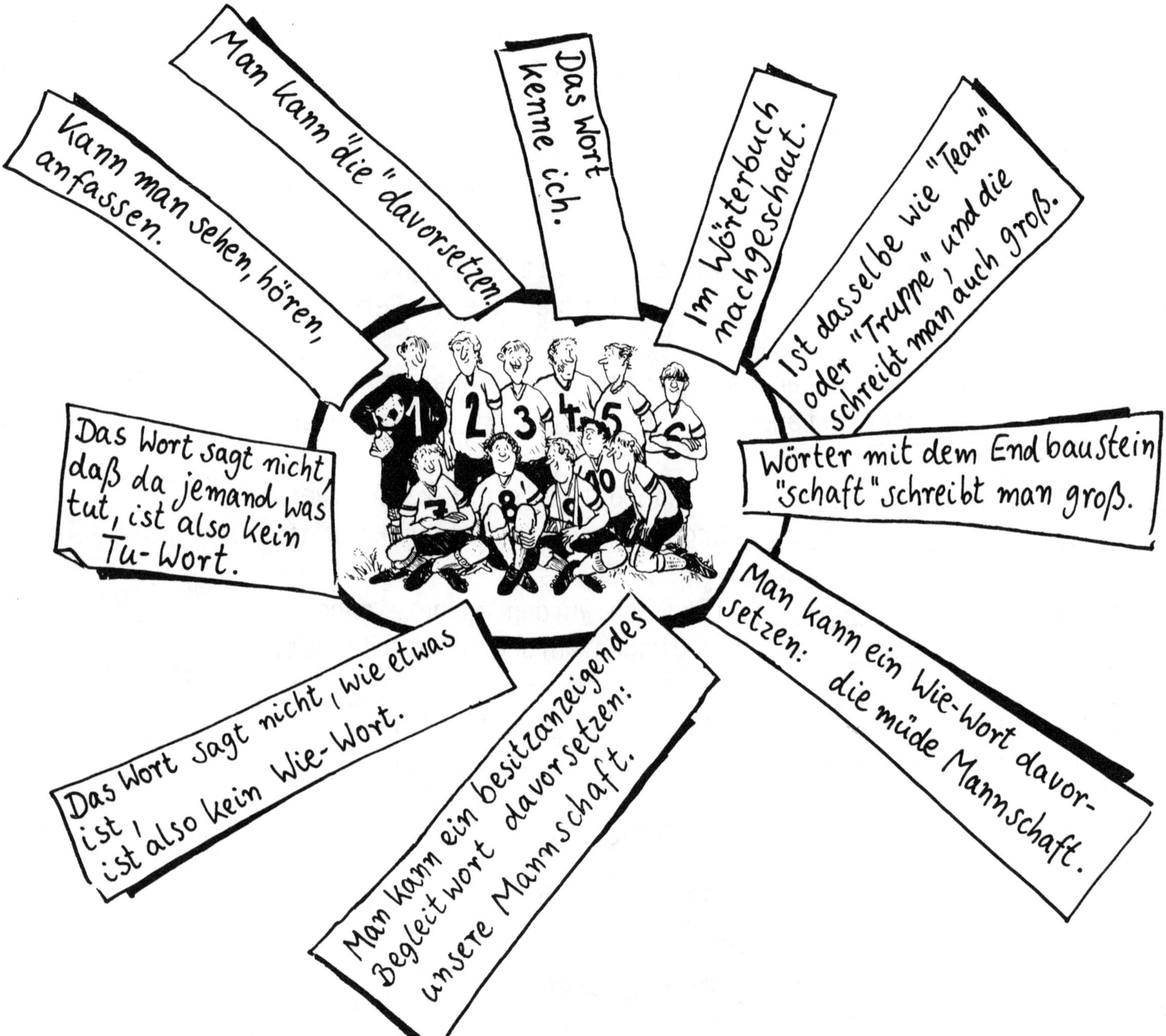

Welche Wege kennen Sie, welche benutzen Sie, und welche Erfahrungen haben Sie damit gemacht?

Um Namenwörter sicherer zu erkennen, ist es gut, wenn man sie gegen Tu-Wörter und Wie-Wörter abgrenzen kann.

abgelaufen · Marathonlauf · Anlauf · Laufsteg · geläufig · laufend · Waldläufer · ausgelaufen · Staffellauf · Laufkundschaft · vollaufen · Laufmaschen · Langlauf · lief · Zulauf · Laufstall · durchläuft · Eislauf · Auflauf · eingelaufen · läufig · Durchlauferhitzer · Auslauf · Laufpaß · zugelaufen · vorläufig · verläufst · Läuferin

Ü1

Ordnen Sie die Wörter den Spalten für die Wortarten zu.

Anlauf	laufen	läufig

Wir stellen fest:
- Namen-Wörter (=Hauptwörter=Dingwörter=Substantive=Nomen) stehen für etwas, was man sehen, hören, anfassen, haben, geben/bekommen, fühlen/empfinden usw. kann.
- Tu-Wörter (= Tätigkeitswörter, Verben) stehen für etwas, was jemand tut.
- Wie-Wörter (= Eigenschaftswörter, Adjektive) sagen uns etwas darüber, wie etwas oder jemand ist.

Ü2

Auf S. 57 haben wir festgestellt, daß Namen-Wörter für etwas stehen, was man sehen, hören, anfassen usw. kann.
Kreuzen Sie in der nun folgenden Liste für jedes Namen-Wort die Spalten an, die Ihrer Meinung/Empfindung nach zutreffen.

	kann man sehen	kann man hören	kann man anfassen	kann man haben	kann man geben/ bekommen	kann man fühlen/ empfinden	kann man
Kieselstein	X		X	X	X		werfen
Pinguin							
Klavier							
Nacht							
Backenzahn							
Unsinn							
Eifersucht							
Zukunft							
Andenken							
Benehmen							
Explosion							
Abstand							
Hoffnung							
Loch							
Gelegenheit							
Schlaf							
Vertrauen							
Einparken							
Einkommen							
Verbrechen							
Oper							
Probe							
Absender							
Sicherheit							
Schulden							
Schall							
Höhle							
Beerdigung							
Echo							

Ü3

Der Tag, an dem die Waschmaschine kaputtging.

Freitag wollten wir in Urlaub fahren, und wie üblich mußten wir noch einen Waschtag einlegen. Es lag schon ein Wäscheberg in der Küche, aber jeder wollte noch mindestens ein weiteres Wäschestück sauber mitnehmen. Da nicht alle Sachen zusammen gewaschen werden konnten, mußten sie vorsortiert werden. Zuerst kam die Feinwäsche dran, weil sie nicht vorgewaschen werden muß. Danach sollten die verwaschenen Jeans und Sportsachen der Kinder folgen. Nach dem Hauptwaschgang, beim ersten Schleudern, passierte es: ...

Schreiben Sie die Geschichte weiter, und benutzen Sie dabei weitere Wörter aus der Wortfamilie -wasch-.

Ü4

Trennen Sie die Wörter der Wortfamilie -wasch- in Namen-Wörter, Tu-Wörter und Wie-Wörter. Kontrollieren Sie Ihre Einteilung mit den Merksätzen von S. 57 unten, nach Ü1.

S1

Suchen Sie möglichst viele Wörter der Wortfamilie -spiel- .
Schreiben Sie jedes gefundene Wort in die richtige Spalte.

Spiel-leidenschaft	ein-spielen	spiel-stark

Ein Namenwort können wir unter anderem daran erkennen, daß ein Begleitwort davorsteht oder davorstehen könnte.

Die erste Art Begleitwort, die wir untersuchen wollen, sind die "der-die-das"-Wörter (Geschlechtswörter; Artikel).

der | die | das | dem | den

ein | eine | einem | einen

Ü5

Seit 1950 hat sich der verbrauch von energie mehr als verdoppelt. Damals wurde fast alle energie aus kohle gewonnen. Inzwischen ist die kohle vom erdöl verdrängt worden. Daher gibt es probleme beim kohlebergbau. Auf der ganzen welt sind noch für etwa 200 Jahre kohlereserven vorhanden. Aber kohle kann nicht immer wirtschaftlich abgebaut werden. Der steigende bedarf an energie hängt mit der technischen entwicklung und unseren höheren ansprüchen an das leben zusammen. Wir müssen aber lernen, mit den stoffen, aus denen wir energie gewinnen, sparsamer umzugehen.

Suchen Sie die Namenwörter aus dem Text heraus, und schreiben Sie sich diese Wörter auf.
Bei welchen Wörtern können Sie im Übungstext ein Begleitwort - der, die, das, des, dem, den - ergänzen, ohne daß der Sinn des Satzes sich ändert?

Ü6

Schreiben Sie aus den Übungssätzen alle Namenwörter heraus.

1. Der vater packt die koffer in das auto.

2. Wir haben leider den anfang des films verpaßt.

3. Gib dem hund den knochen.

4. Ein unglück kommt selten allein.

5. Er gratulierte mit einem blumenstrauß.

6. Eine eintrittskarte kostet einen zehner.

7. Renate kämpft schon seit tagen mit einer erkältung.

8. Als tochter eines beamten war sie streng erzogen.

Nicht immer folgt auf ein "der-die-das"-Wort direkt ein Namenwort. Häufig tritt dazwischen ein Wie-Wort, z. B.

der junge Hund.

Ü7

Suchen Sie zu den Namenwörtern aus den Sätzen in Ü6 passende Wie-Wörter. Erweitern Sie die Übungssätze entsprechend mit den gefundenen Wie-Wörtern.

Beispiel: Der Vater packt die Koffer in das Auto.
Der wütende Vater packt die schweren Koffer in das alte Auto.

Die zweite Art Begleitwort, die wir untersuchen wollen, sind die "am-vom-zum"-Wörter (Verhältniswörter; Präpositionen).

Ü8

Elke und Werner kamen vom Urlaub zurück. Als sie die Tür zur Wohnung aufschlossen, blieben sie überrascht stehen ...

Beschreiben Sie das Bild, und benutzen Sie möglichst viele der folgenden Begleitwörter:

am	aufs	beim	hinterm	im	übern	unterm	vom	vors	zur
ans			hinters	ins	übers	unters			zum

Es kann hilfreich sein, wenn man sich klarmacht, daß in den "am-vom-zum"-Wörtern Reste von "der-die-das"-Wörtern enthalten sind.

Beispiele:

ans	vom	übern
an + das	von + dem	über + den

Diskutieren Sie in der Gruppe, ob sich bei den folgenden Beispielsätzen die Bedeutung ändert.

ans	Die Leiter reichte nicht ganz bis ans Fenster.
an + das	Stell die Blumen an das Fenster, wo sie die meiste Sonne kriegen.
vom	Das Rauchen ist mir vom Arzt verboten worden.
von + dem	Läßt du dich immer noch von dem Arzt behandeln, der sich keine Zeit für die Patienten nimmt?
übern	Jetzt fahr'n wir übern See.
über + den	Über den See führt jetzt eine Brücke.

S2

Suchen Sie zu den Namenwörtern in den Beispielsätzen passende Wie-Wörter, und erweitern Sie damit die Sätze.

Häufig stehen nach am keine Namenwörter, sondern eine bestimmte Form der Wie-Wörter, z. B.

klein -	kleiner -	am kleinsten;
gut -	besser -	am besten;
günstig -	günstiger -	am günstigsten.

Ü9

Steigern Sie die Wie-Wörter in den Übungssätzen nach folgendem Beispiel:

Ich finde den Frühling schön. Ich finde den Frühling am schönsten.

1. Ich esse Eis gern. Ich esse Eis ______________.
2. Dieser Witz ist alt. Dieser Witz ist ______________.
3. Michael läuft schnell. Michael läuft ______________.

S3

Arbeiten Sie jetzt umgekehrt. Beispiel:

Ich finde den Frühling am schönsten. Ich finde den Frühling schön.

1. Der Berg ist am höchsten. Der Berg ist ______________.
2. Dieses Rätsel ist am schwersten. Dieses Rätsel ist ______________.
3. Hier ist der See am tiefsten. Hier ist der See ______________.

Ü10

Verändern Sie die Sätze mit " am + Wie-Wort" wie folgt.
Beispiel:

Ich finde den Frühling am schönsten.

Ich finde den Frühling sehr, sehr schön.
Ich finde den Frühling besonders schön.

1. Das Schneeglöckchen blüht am frühesten.

______________________________.

2. Dein Fahrrad ist am klapprigsten.

______________________________.

3. Der Hausmeister blieb am längsten.

______________________________.

Die dritte Art Begleitwort, die wir untersuchen wollen, sind Wie-Wörter, in denen Reste von "der-die-das"-Wörtern enthalten sind.

Ü11

1. Das Fest findet nur bei <u>schönem</u> Wetter statt.

   ____

2. Aus <u>gutem</u> Grund bin ich mißtrauisch.

   ______

3. Es gibt fast nur noch <u>gespritztes</u> Obst.

   ____

4. Wir standen vor <u>geschlossenen</u> Türen.

   ____

5. Ich finde <u>elektrische</u> Korkenzieher lächerlich!

   ____

Versuchen Sie, anstelle der unterstrichenen Wie-Wörter passende andere zu finden.

S4

Welche Endbausteine haben die Wie-Wörter in den Übungssätzen?
Zu welchen "der-die-das"-Wörtern gehören diese Endbausteine?

Die vierte Art Begleitwort, die wir untersuchen wollen, sind die "mein-dein-sein"-Wörter (besitzanzeigende Fürwörter; Possessivpronomen).

Mona Lisa

James Dean

Ü12

Was gefällt Ihnen an der Mona Lisa?

ihr Lächeln

ihr Augenausdruck

Suchen Sie weitere Einzelheiten, die Ihnen an Mona Lisa und James Dean gefallen (oder auch nicht gefallen), und schreiben Sie sie auf.

Ü13

Ersetzen Sie in den nun folgenden Übungssätzen das "mein-dein-sein"-Wort durch ein "der-die-das"-Wort.

1. Er macht mit seinem Geld, was er will.

dem Geld

2. Zeig mir dein Auto.

____

3. Unser Großvater macht uns Sorgen.

____

4. Ohne meine Frau bin ich hilflos.

____

5. Ich warte auf euren Anruf.

____

6. Sie leben im Hause ihres Onkels.

____

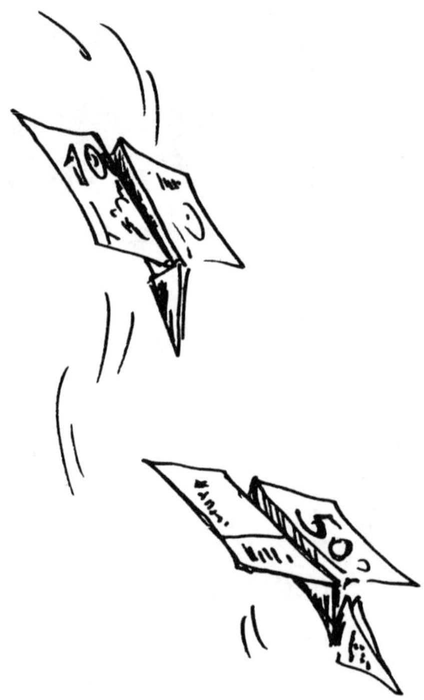

In der folgenden Übersicht sind beispielhaft die vier Arten von Begleitwörtern, die wir untersucht haben, zusammengefaßt:

der am alter dein	Hut	die zur feine unsere	Küche	das ins neues mein	Auto

Ü14

Suchen Sie die Namenwörter aus dem folgenden Rezept-Text heraus.

SCHWEINEFILET VOM GRILL MIT ROTWEIN-ZWIEBELSOSSE

Benötigt werden:

250 g zwiebeln,
50 g butter,
1/2 l rotwein,
salz, gemahlener pfeffer,
zucker,
500 g schweinefilet,
2 eßl. öl

Kochanleitung:

zwiebeln abziehen und in ringe schneiden; in heißer butter glasig dünsten. rotwein zugießen und im offenen topf einkochen lassen. mit salz, pfeffer und zucker abschmecken, warmstellen. schweinefilet in scheiben schneiden, mit öl, salz, pfeffer einreiben. unter dem grill von jeder seite vier minuten grillen oder in einer pfanne braten. zum schluß mit zwiebelsoße anrichten.

S5

Suchen Sie zu den gefundenen Namenwörtern passende Begleitwörter.

S6

Bringen Sie zur nächsten Unterrichtsstunde Ihr Lieblingsrezept mit, und diktieren Sie es den anderen.

Eine ganze Reihe von Namenwörtern lassen sich sehr gut an ihrem Endbaustein erkennen. Die häufigsten dieser Bausteine sind:

-ung	-heit	-keit	-schaft	-tion
Beleidigung	Gesundheit	Einigkeit	Verwandtschaft	Information
Zeitung	Kindheit	Vergeßlichkeit	Kundschaft	Kanalisation

Ü15

Ergänzen Sie die Liste.

Ü16

Unterstreichen Sie in der Übung nur die Namenwörter:

OFFENHEIT, INTERNATIONAL, MANNSCHAFT, VEREINBARUNGSGEMÄSS, EINHEITLICH, FEUCHTIGKEIT, ORGANISATION, VERSCHÖNERUNG, FREUNDSCHAFTLICH, HALTBARKEITSDATUM.

Wir stellen fest, daß bei Namenwörtern die Bausteine -ung, -heit, -keit, -schaft und -tion ganz am Ende des Wortes stehen. Treten weitere Endbausteine hinzu (z. B. vereinbarung-s-gemäß), handelt es sich meistens nicht um ein Namenwort.

Ausnahme: Endbaustein -en !
(Zeitung - Zeitung-en)

Ü17

Erweitern Sie die Wörter aus der Liste von Ü15 mit dem Endbaustein -en.

Nicht alle Wörter, in denen -ung- vorkommt, sind Namenwörter. Verlassen Sie sich deshalb nicht nur auf den Endbaustein. Überlegen Sie zusätzlich, ob es sich um ein Namenwort, Tu-Wort oder Wie-Wort handelt.

Verwirren können insbesondere die folgenden Tu-Wörter:

eingedrungen	geklungen	gelungen
gerungen	gesungen	geschwungen
gewrungen	gezwungen	

Ü18

Bilden Sie mit jedem aufgelisteten Tu-Wort einen Satz.

Ü19

Besprechen Sie in der Gruppe, ob Sie noch weitere Endbausteine von Namenwörtern kennen.

Der Endbaustein -schaft kann leicht verwechselt werden mit Wörtern aus der Wortfamilie schaffen, z. B. geschafft, angeschafft, abgeschafft, weggeschafft.

Ü20

Ergänzen Sie in den Übungssätzen die Lücken mit -schaft oder -schafft.

1. Wir warten auf Kund__________.
2. Heidi hat ihr Auto abge__________.
3. Ich bin Mitglied in der Gewerk__________.
4. Ist das Ihre erste Schwanger__________?
5. Sie haben endlich den Müll wegge__________.
6. Die Autobahn verschandelt die Land__________.
7. Tante Friedel hat sich eine Tiefkühltruhe ange__________.
8. Ob der alte Motor das noch __________?

Alle Wörter können als Namenwörter auftreten. Besonders schwierig wird es, wenn Tu-Wörter zu Namenwörtern gemacht werden.

Beispiele:

Wir spielen Handball.	Das Spielen macht Spaß.
Wir essen Gulasch.	Zum Essen gibt es Rotwein.
Sie lachen über jeden Witz.	Ihr Lachen macht mich nervös.
Sie poltern die Treppe herunter.	Dumpfes Poltern war zu hören.

Ü21

Bilden Sie Sätze, in denen jedes Übungswort einmal als Tu-Wort und einmal als Namenwort verwendet wird.

KOCHEN, SCHREIBEN, SCHWIMMEN, LAUFEN, HEIRATEN, MALEN, TELEFONIEREN.

Schlüssel zu den Übungen mit eindeutigen Lösungen

1 /f/: f oder v?

1Ü1

☒☒☐☒ ☒☒☐☒
f i e l v i e l

1Ü4

Wortfamilie fall/fiel:
2. fielen; 3. fiel.
Wortfamilie viel:
1. vielen; 3. viel.

1Ü6

vorn; vor; vollgeladen; von; vom;

1Ü8

Verdacht; verliebt; Versicherungsangestellte; verwöhnte; Vermögens; verheiratet; vergiftet; Verdacht; verhaftet; versucht.

Ver dacht; ver liebt; Ver sicherungsangestellte; ver wöhnte; Ver mögens; ver heiratet; ver giftet; Ver dacht; ver haftet; ver sucht.

1Ü11

Fern fahrer; fern gelenkt; Fern bedienung; Fern sehfilm.

1Ü15

vor trag en; fort trag en.

2 /f/: ph, pf, f

2Ü3

1. Pferd; 2. Pflanzen; 3. Pfeffertopf; 4. Pfanne; 5. pfiff; 6. Pflaster; 7. pflegeleicht.

2Ü8

um pflanzen; um füllen.

3 /w/: v; Suchhilfe Alphabet

3Ü1

vorzüglich; vulgär; Vulkan; Waage.

3Ü2

Anfang: blau; bauen; gesund.
Mitte: Moped; Radio.
Ende: Schnecke, Veranda, was.

3Ü3

bauen; blau; gesund; Moped; Radio; Schnecke; Veranda; was.

3S1

a) traurig, Traurigkeit, Trauring.
b) Wipfel, Wippe, wippen.
c) Geschwätz; Geschwindigkeit, Geschwister, Geschworener, Geschwulst, Geschwür.

3Ü4

Suchbegriff: nehmen

3Ü5

fiel: fallen; ißt: essen; gefroren: frieren; mochte: mögen; ging: gehen; würde: werden; getrunken: trinken; hielt: halten; bat: bitten; ließ: lassen; gestanden: stehen; geflogen: fliegen.

4 /s, ß/: s, ss, ß?

4Ü3

[Häus|ern]; [häus|lich]; [Gläs|er]; [Glas|hütte]; [End|preis|e]; [Preis|liste].

4Ü5

ja; [Eis|fläche]; [eis|ig].

4Ü6

[reis] en : 1. Reisebüro; 2. Reisetasche; 4. reist.
[reiß] en : 1. rissen; 2. Reißverschluß, gerissen; 3. Riß; 5. reißt.

4Ü9

	Mehrzahl	Steigerung
Miß	Misses	
Schloß	Schlösser	
Kuß	Küsse	
Erdgeschoß	Erdgeschosse	
Schloßvampir		
blaß		blasser/blässer
Biß	Bisse	
naß		nasser/nässer
Weinfaß	Weinfässer	
Fluß	Flüsse	
Kokusnuß	Kokosnüsse	
Genuß	Genüsse	
Laufpaß	Laufpässe	

4Ü13

1. Er drückte sich sehr mißverständlich aus.
2. Das war Eddies größter Mißerfolg.

4Ü14

glücken: mißglücken;
Geburt: Mißgeburt;
brauchen: mißbrauchen;
Stimmung: Mißstimmung;
vergnügt: mißvergnügt;
geglückt: mißglückt;
gelingen: mißlingen;
Gebrauch: Mißbrauch;
behandeln: mißhandeln;
geraten: mißraten.

4Ü15

Erlebnis	Erlebnisse
Hindernis	Hindernisse
Wagnis	Wagnisse
Zeugnis	Zeugnisse
Geheimnis	Geheimnisse
Verständnis	Verständnisse
Bedürfnis	Bedürfnisse
Kenntnis	Kenntnisse
Ereignis	Ereignisse
Hemmnis	Hemmnisse
Geschehnis	Geschehnisse
Gleichnis	Gleichnisse
Versäumnis	Versäumnisse
Vorkommnis	Vorkommnisse
Bedrängnis	Bedrängnisse
Bildnis	Bildnisse
Vermächtnis	Vermächtnisse
Verhängnis	Verhängnisse
Verzeichnis	Verzeichnisse

4Ü17

hast gehört zu haben.
haßt gehört zu hassen.

4Ü18

hasten gehört zu hasten.
haßten gehört zu hassen.

4S4

fasten gehört zu fasten.
faßten gehört zu fassen.
fast gehört zu fast/beinahe.
faßt gehört zu fassen.

4Ü19

1. Wortfamilie: fressen
2. Wortfamilie: Frist
3. Wortfamilie: genießen
4. Wortfamilie: niesen
5. Wortfamilie: Masse
6. Wortfamilie: Maß

4S5

Wortfamilie: sein (er ist)
Wortfamilie: essen (ißt)

4Ü21

b) Rudi sieht sich dieses/jenes Endspiel an.

Dieses/Jenes Spiel muß verlängert werden; dieses hatten schon alle erwartet. Aber auch die Verlängerung brachte nur ein Ergebnis, welches unentschieden war.

Rudi hofft nun, daß seine Mannschaft bei der Wiederholung gewinnt.

5 Steigerungsbaustein -st- nach -d, -t, -n

5Ü1

bedeutendsten:	bedeutend/st/en;
anstrengendsten:	anstrengend/st/en;
geeignetste:	geeignet/st/e;
erfahrensten:	erfahren/st/en;
entlegensten:	entlegen/st/en;
erbittertsten:	erbittert/st/en;
glänzendsten:	glänzend/st/en.

5Ü2

1. anstrengendsten Tage
   anstrengend
   sehr anstrengende Tage

2. der geeignetste Moment
   geeignet
   ein sehr geeigneter Moment

3. die erfahrensten Regisseure
   erfahren
   sehr erfahrene Regisseure

4. die entlegensten Gegenden
   entlegen
   sehr entlegene Gegenden

5. am erbittertsten wurde gerungen
   erbittert
   sehr erbittert wurde gerungen

6. die glänzendsten Rollen
   glänzend
   sehr glänzende Rollen

5Ü3

1. vollkommen:	vollkommenste
2. entscheidend:	entscheidendste
3. hervorragend:	hervorragendste
4. entschieden:	entschiedenste
5. fesselnd:	fesselndste
6. bitter:	bitterste

5Ü4

1. Im entscheidendsten Moment ...
   In diesem sehr entscheidenden Moment ...

2. Am begeistertsten waren ...
   Sehr begeistert waren ...

3. Ich war immer das ungezogenste Kind.
   Ich war immer ein sehr ungezogenes Kind.

4. Meine Schwester erfand die geeignetsten Ausreden.
   Meine Schwester erfand sehr geeignete Ausreden.

5. Die wohlhabendsten Bürger ...
   Sehr wohlhabende Bürger ...

6. Die hervorragendsten Leistungen ...
   Ganz hervorragende Leistungen ...

7. Das Picknick war der vollkommenste Reinfall.
   Das Picknick war ein vollkommener Reinfall.

6 Großschreibung: Entscheidungshilfen

6Ü1

Namen-Wörter	Tu-Wörter	Wie-Wörter
Anlauf Auflauf Auslauf Durchlauferhitzer Eislauf Langlauf Läuferin Laufkundschaft Laufmaschen Laufpaß Laufstall Laufsteg Marathonlauf Staffellauf	auslaufen durchläuft lief verläufst vollaufen abgelaufen eingelaufen laufend zerlaufen zugelaufen	geläufig läufig vorläufig abgelaufen eingelaufen laufend zerlaufen zugelaufen

6Ü4

Namen-Wörter	Tu-Wörter	Wie-Wörter
Waschmaschine Waschtag Wäscheberg Wäschestück Feinwäsche Hauptwaschgang	gewaschen vorgewaschen	verwaschen

6Ü5

Namenwörter: Verbrauch, Energie; Energie, Kohle; Kohle, Erdöl; Probleme, Kohlebergbau; Welt, Jahre, Kohlereserven; Kohle; Bedarf, Energie, Entwicklung, Ansprüchen, Leben; Stoffen, Energie.

6Ü6

1. Vater, Koffer, Auto.
2. Anfang, Films.
3. Hund, Knochen.
4. Unglück.
5. Blumenstrauß.
6. Eintrittskarte, Zehner.
7. Tagen, Erkältung.
8. Tochter, Beamten.

6Ü9

1. Ich esse Eis am liebsten.
2. Dieser Witz ist am ältesten/der älteste.
3. Michael läuft am schnellsten.

6S3

1. Der Berg ist hoch.
2. Dieses Rätsel ist schwer.
3. Hier ist der See tief.

6Ü10

1. Das Schneeglöckchen blüht sehr früh/besonders früh.
2. Dein Fahrrad ist sehr klapprig/besonders klapprig.
3. Der Hausmeister blieb sehr lange/besonders lange.

6Ü13

1. Er macht mit dem Geld, was er will.
2. Zeig mir das Auto.
3. Der Großvater macht uns Sorgen.
4. Ohne die Frau bin ich hilflos.
5. Ich warte auf den Anruf.
6. Sie leben im Hause des Onkels.

6Ü14

Namenwörter: Schweinefilet, Grill, Rotwein-Zwiebelsoße; Zwiebeln, Butter, Rotwein, Salz, Pfeffer, Zucker, Schweinefilet, Eßl. (Eßlöffel), Öl; Kochanleitung, Zwiebeln, Ringe, Butter, Rotwein, Topf, Salz, Pfeffer, Zucker, Schweinefilet, Scheiben, Öl, Salz, Pfeffer, Grill, Seite, Minuten, Pfanne, Schluß, Zwiebelsoße.

6Ü16

Namenwörter sind: Offenheit, Mannschaft, Feuchtigkeit, Organisation, Verschönerung, Haltbarkeitsdatum.

6Ü19

1. Wir warten auf Kundschaft.
2. Heidi hat ihr Auto abgeschafft.
3. Ich bin Mitglied in der Gewerkschaft.
4. Ist das Ihre erste Schwangerschaft?
5. Sie haben endlich den Müll weggeschafft.
6. Die Autobahn verschandelt die Landschaft.
7. Tante Friedel hat sich eine Tiefkühltruhe angeschafft.
8. Ob der alte Motor das noch schafft?

Quellenverzeichnis

S. 27 Wörterbuchauszug: Gerhard Wahrig, Deutsches Wörterbuch, © 1980 Mosaik Verlag GmbH, München

S. 36 Foto: Barbara A. Stenzel, München

S. 38 Foto: Barbara A. Stenzel, München

S. 67 Fotos: Süddeutscher Verlag, München